SOPHIE GABRIAC

LORIENT

IMPRIMERIE CENTRALE, EUG. BRÉMEL, LIBRAIRE-ÉDITEUR

place Bisson, 4

1870

MME Sophie GABRIAC

DÉCÉDÉE A ROME

LE 18 FÉVRIER 1870

« Je suis la résurrection et la vie, a dit le Seigneur ;
celui qui croit en moi vivra, quand même il serait mort.
Il ne mourra point pour toujours. » (JEAN XI, 25, 26.)

« Je sais que mon Rédempteur est vivant, disait
Job: Et quand mon corps aura été consumé, je verrai
Dieu. » (JOB XIX, 25, 26.)

« Nous n'avons rien apporté dans le monde, et il
est évident que nous n'en pouvons rien emporter. »
(I TIM. VI, 7.)

« L'Eternel l'avait donné, l'Eternel l'a ôté ; que le
nom de l'Eternel soit béni ! » (JOB I, 21.)

« Eternel ! fais-moi connaître ma fin et quelle est la
mesure de mes jours. Voici, tu as réduit mes jours à
la mesure de quatre doigts, et le temps de ma vie est
devant toi comme un rien. Certainement, tout homme

qui subsiste n'est que vanité. Certainement, l'homme se promène parmi ce qui n'a que l'apparence ; il s'agite en vain ; on amasse des biens, et on ne sait qui les recueillera. » (Ps. XXXIX, 5, 6, 7.)

« Eternel ! tu fais retourner l'homme mortel en poussière, et tu dis : Fils des hommes, retournez en terre. Car mille ans devant tes yeux sont comme le jour d'hier qui est passé, et comme une veille de la nuit. Tu emportes les hommes comme par un torrent ; ils sont comme un songe qui se dissipe au réveil ; comme une herbe qui passe ; elle fleurit le matin, mais elle se fane ; le soir on la coupe, et elle sèche. Nous consumons nos années comme une pensée. Enseigne-nous donc à tellement compter nos jours que nous en ayons un cœur rempli de sagesse. » (Ps. XC, 3, 4, 5, 6, 9, 12.)

Un grand deuil nous réunit ici ; deuil réel pour vous tous qui avez connu les belles qualités de celle que Dieu a rappelée à lui, et apprécié son caractère ; deuil bien senti pour moi qui, dans mes relations pastorales avec Mme Gabriac, avais appris à l'entourer d'une estime profonde et bien motivée assurément ; deuil pour tous les siens, pour son vieil époux resté veuf dans ses vieux jours, pour ses fils, pour son gendre, pour ses petits enfants, douleurs qui ne s'expriment point !

Ce n'est donc pas sans un profond serrement de cœur, ni sans des larmes au fond de l'âme, que je me vois appelé à présider cette cérémonie funèbre. Que les lois de Dieu sont mystérieuses ! Ses pensées ne sont pas nos pensées ; il nous faut appeler à notre secours toute notre foi, toute notre soumission et sa profonde sagesse pour ne pas être surpris, effrayés. Il nous semblait à nous qu'elle eût dû nous être laissée quelques années encore. Elle était si nécessaire aux siens, si précieuse à l'affection de ses proches, si utile à ses petits enfants !

Mais quoi, Messieurs, n'est-il pas dans l'ordre providentiel que quand le corps est usé il s'affaisse ! Et puis n'avait-elle pas entrepris une tâche au-dessus de ses forces épuisées?

La vieillesse de cette noble femme a été traversée de rudes épreuves, et sa santé en était restée ébranlée.

A l'âge où, après avoir élevé ses fils, marié sa fille, elle aurait pu se dire : Reposons-nous, jouissons paisiblement de nos vieux jours, un autre deuil, un coup qu'il n'est pas besoin de rappeler, hélas ! ébranla bien douloureusement la sensibilité de son âme. Une jeune mère était enlevée, quatre pauvres petits enfants restaient sur ses bras, il y avait bien lieu de briser ce cœur si impressionnable. Mais elle se releva sous le sentiment de son devoir. A l'âge du repos, elle se remit à l'œuvre avec énergie et simplicité. Elle sut se rajeunir par amour maternel et retrouver sa force de vingt ans pour instruire ses petits enfants qui retombaient à sa charge après un si déplorable malheur.

Je ne sache avoir jamais vu un plus touchant tableau que celui de cette grand'mère entourée de ces jeunes êtres, et s'arrachant à ses douleurs intimes pour sourire à leur enfance. Leur instruction, leur éducation était devenues sa tâche de prédilection. La grande noblesse de ses sentiments, elle s'efforçait de la faire passer à eux ; elle y serait arrivée, car tout ce qui était délicatesse morale était subjugué par son esprit. Elle devait succomber à son dévouement; si parfois elle le prévoyait, elle s'en faisait un devoir.

Messieurs, cette noble femme est morte au champ d'honneur, puisque c'est dans l'accomplissement d'un obscur devoir. Bien plus, elle est morte d'une bonne œuvre : c'est en allant visiter une personne à qui elle espérait être utile, qu'elle a pris ce mal auquel elle a succombé.

Je n'ai pu connaître Mme Gabriac que dans sa vieillesse : vous savez combien d'amabilité avait survécu en elle, à ces épreuves qui en dessèchent tant d'autres, sa grande philosophie n'avait pas permis à son cœur d'être entamé en entier, il devait encore être accessible à l'amitié. Je n'ai pu la voir à l'apogée de sa brillante jeunesse, mais j'ai entendu raconter une charmante histoire, une histoire aussi gracieuse qu'une légende. Il y a environ un demi-siècle arrivait à Rome une frêle jeune fille, presqu'une enfant, sans autre richesse que les leçons d'un grand maître, sans autre protection que sa vertu et ses qualités natives. Elle a su se faire estimer, elle a su se faire aimer par tous ceux qui l'ont connue. Elle a fait pendant 35 ans le bonheur de celui qui avait deviné cette belle nature de femme.

Pour ma part j'ai toujours senti en Mme Gabriac une véritable artiste, artiste non-seulement par le talent avec lequel elle jetait ses idées et ses impressions sur la toile, mais surtout par l'épanouissement de son âme et de son cœur dans l'œuvre modeste de son dévouement journalier. Celui-là est artiste qui fait des nobles choses avec simplicité et instinct. Elle savait déposer le pinceau pour enseigner l'alphabet, ou plutôt (car ses aptitudes si diverses lui permettaient de beaucoup faire), elle menait de front la peinture, l'éducation de ses petits enfants, et trouvait encore le temps de lire pour l'instruction des plus grands, auxquels elle savait faire apprécier la littérature. Ses fils, elle a assayé de modeler leur âme sur le modèle de la sienne, ou plutôt à l'image de ce Jésus qui lui servait à elle-même de modèle. Ils s'en souviendront !

La vie de Mme Gabriac me paraît se résumer dans un haut spiritualisme et dans un dévouement joyeux, instinctif au devoir. Ce n'est pas chose si commune de voir avec une égale humeur quitter des occupations préférées pour accomplir des devoirs obscurs et fatiguants !

Bel exemple laissé à tous les siens, à son vieil époux, de résignation, de courage, de sérénité d'esprit à ses fils, d'élévation dans les sentiments, de droiture, d'intégrité de pureté : le sentiment moral était entier en elle. Elle savait au jour donné étouffer tout autre sentiment pour n'ouvrir son cœur qu'à celui-là ; c'est ce qui la rend si supérieure pour nous tous qui l'avons connue.

Tous les siens s'en souviendront : son souvenir restera éternellement, pour eux, un lien indivisible comme sa tendresse formait le lien de la famille ; sa mémoire restera bénie pour eux. Ils en seront fiers, car c'est un honneur et une consolation d'avoir possédé une telle mère ou une telle épouse ; ils pourront à l'avenir remercier Dieu de leur avoir accordé un tel bienfait.

Et maintenant où est-elle? sous un drap funèbre? Non Messieurs, non mille fois ! Il n'y a ici qu'une pauvre dépouille, une enveloppe fragile, qui devait tomber, un vêtement qu'il lui a fallu quitter parce qu'il était usé !

Pour nous, chrétiens évangéliques, nous ne neus abandonnerons pas aux désespérantes théories du matérialisme. Nous croyons à la vie et non pas à la destruction !

Quoi ! cette belle et noble âme, ces belles qualités seraient disparues, et il n'en resterait rien ! Cette mère aurait aimé, pensé, pour aboutir au néant.

Messieurs, nous pensons que Dieu a fait l'homme trop grand, pour pouvoir être enfermé tout entier sous six pieds de terre. On ne cloue pas une âme entre quatre planches. L'âme vit, elle ne meurt pas, Messieurs, on change de lieu, on émigre, on ne meurt point. La mort n'existe qu'à l'état de passage. En face de cette bière, près de cette fosse ouverte, nous sentons, d'autant plus vif en nous, le sentiment de l'immortalité.

Ce que nous regrettons dans ceux qui nous sont chers, ce n'est pas le corps : sans doute, nous y tenions à cette pauvre enveloppe; mais enfin c'est l'âme qui s'y reflétait, c'est la pensée et le sentiment qu'on regrette, qu'on pleure, la personne vivante enfin ! L'un des fils de celle que nous pleurons le disait hier avec une intention vraie : « elle doit être avec sa fille maintenant. »

Oui, nous avons besoin de croire à la vie à venir, que dis-je? à la vie permanente, que les accidents de ces déportations douloureuses elles-mêmes n'interrompent point.

A nous donc de nous préparer à la vie meilleure, dont celle-ci n'est que le prélude, par l'exercice des vertus chrétiennes, et par l'accomplissement de l'œuvre que la Providence nous donne à tous à faire. Ah ! que ceux qui se sont ainsi préparés et qui ont accompli leur tâche sont heureux; on les pleure,

sans doute, comment ne les regretterait-on pas ?
Mais on les envie ; ils ont remporté la victoire,
ils ont été couronnés ! Pas un doute ne les suit au-
delà de la tombe. On sait qu'ils sont entrés dans
leur repos, qu'ils sont bien !

Amis, consolons-nous donc dans le sentiment de
cette immortalité, consolons-nous en nous rendant
dignes d'être couronnés à notre tour, et comme ceux
que nous avons perdus, consolons-nous dans l'espoir
de cette précieuse attente dans l'éternité sainte,
dans la vie sans fin, où il n'y aura plus de sépara-
tion, où on ne verra plus s'envoler ceux qu'on aura
embrassé d'un éternel embrassement !

SUR LA FOSSE

—

Nous rendons la terre à la terre, la poudre à la
poudre, la cendre à la cendre, mais dans l'attente
d'une résurrection future, et dans l'espoir de ce jour
où le créateur répandra les germes dispersés de nos
corps, pour nous faire revivre dans la plénitude de
notre personnalité.

(*Prière.*) — A qui irions-nous si ce n'est à toi,

Seigneur, à qui irions-nous dans nos douleurs ? Tu es la parole de la vie Eternelle. A toi nous avons recours, Seigneur, pour que tu nous soutiennes et nous consoles. Nous ne te prions pas pour cette sœur que tu as retirée à toi. Nous avons le sentiment que tu l'as recueillie dans ton sein, qu'elle y est heureuse, qu'elle n'y a plus besoin de rien. Mais nous te prions pour ceux qu'elle a laissés dans une affliction si profonde, pour ce vieux père de famille, qui a tant perdu et qui a tant besoin de tes consolations. O Eternel : nous te prions pour ses fils qui étaient unis à elle, par des liens si exceptionnellement tendres. Nous te prions pour son pauvre gendre, si souvent affligé dans sa vie, qui avait retrouvé en elle une seconde mère, et aussi une mère pour ses pauvres petits enfants restés orphelins. Nous te prions surtout pour ces quatre petits enfants à qui elle consacrait ses soins, et que voilà redevenus orphelins pour la seconde fois. Mais nous savons, Seigneur, que tu es le Père des orphelins, et que tu ne les abandonnes pas et que tu les béniras d'une bénédiction toute particulière. Entoure-les, Seigneur, de la protection sainte. Nous te le demandons avec foi, avec amour et avec larmes.

Et maintenant, bénis-nous tous, Seigneur ; que l'amour de Dieu le Père, la grâce du Seigneur Jésus-Christ et la communion du Saint-Esprit soit avec nous, non pour cette vie si courte seulement, mais pour l'éternité. Amen.

Corps de notre sœur, adieu ! repose en paix.

Amen !

J. ROLLER,
Pasteur.